Vamos a divertirnos con la química

Probar y verificar

Amanda Vink

COMPUTACIÓN CIENTÍFICA EN EL MUNDO REAL™

Rosen Classroom™

Publicado en 2018 por The Rosen Publishing Group, Inc. 29 East 21st Street, New York, NY 10010

Autor: Amanda Vink
Traductor: Alberto Jiménez
Directora editorial, español: Nathalie Beullens-Maoui
Editora, español: María Cristina Brusca, Editora, inglés: Caitie McAneney
Diseño del libro: Jennifer Ryder-Talbot

Todas las ilustraciones por Contentra Technologies

Library of Congress Cataloging-in-Publication Data

Names: Vink, Amanda.
Title: Vamos a divertirnos con la química: Probar y verificar / Amanda Vink.
Description: New York : Rosen Classroom, 2018. | Series: Niños digitales: Superdotados con pensamiento computacional/ Computación científica en el mundo real | Includes glossary and index.
Identifiers: LCCN ISBN 9781538358726 (pbk.) | ISBN 9781538329221 (library bound) | ISBN 9781538358733 (6-pack) | ISBN 9781538358740 (ebook)
Subjects: LCSH: Chemistry--Juvenile literature. | Chemistry--Experiments--Juvenile literature.
Classification: LCC QD35.V56 2018 | DDC 540--dc23

Photo Credits: Cover, p. 10 jarabee123/Shutterstock.com; p. 5 Syda Productions/ Shutterstock.com; p. 9 Samuel Borges Photography/Shutterstock.com; p. 13, 15 © iStockphoto.com/fstop123; p. 16 © iStockphoto.com/jayjayoo_com; p. 18-19, 20 © iStockphoto.com/jarabee123.

Fabricado en Estados Unidos de América

Información de cumplimiento CPSIA Lote #WS18RC: Si desea más información póngase en contacto con Rosen Publishing, New York, New York, teléf. 1-800-237-9932

Contenido

¡Ser químico!

La química es una ciencia que se ocupa de la **composición**, la estructura y las propiedades de las sustancias, y de las **reacciones** que se producen entre ellas. ¡Estamos rodeados de química! Podemos estudiarla incluso en nuestro cuerpo. Por ejemplo, el principal componente del cuerpo humano es el agua (60 %), a su vez, un **compuesto** de dos elementos (hidrógeno y oxígeno), **materiales** que ya no pueden descomponerse más.

Los químicos son científicos que, a menudo, prueban las reacciones químicas. Cuando hacen experimentos, tienen que ser **persistentes** y muy **observadores**, sobre todo si buscan cambios en la materia. Si se tienen estas cualidades, ¡se puede ser químico!

¡Estamos rodeados de química! Casi todo lo que experimentamos con los cinco sentidos implica reacciones químicas.

El método científico

Los científicos utilizan este método para comprobar una hipótesis o estimación fundamentada del porqué de un suceso. El método científico es importante porque resume el **procedimiento** que

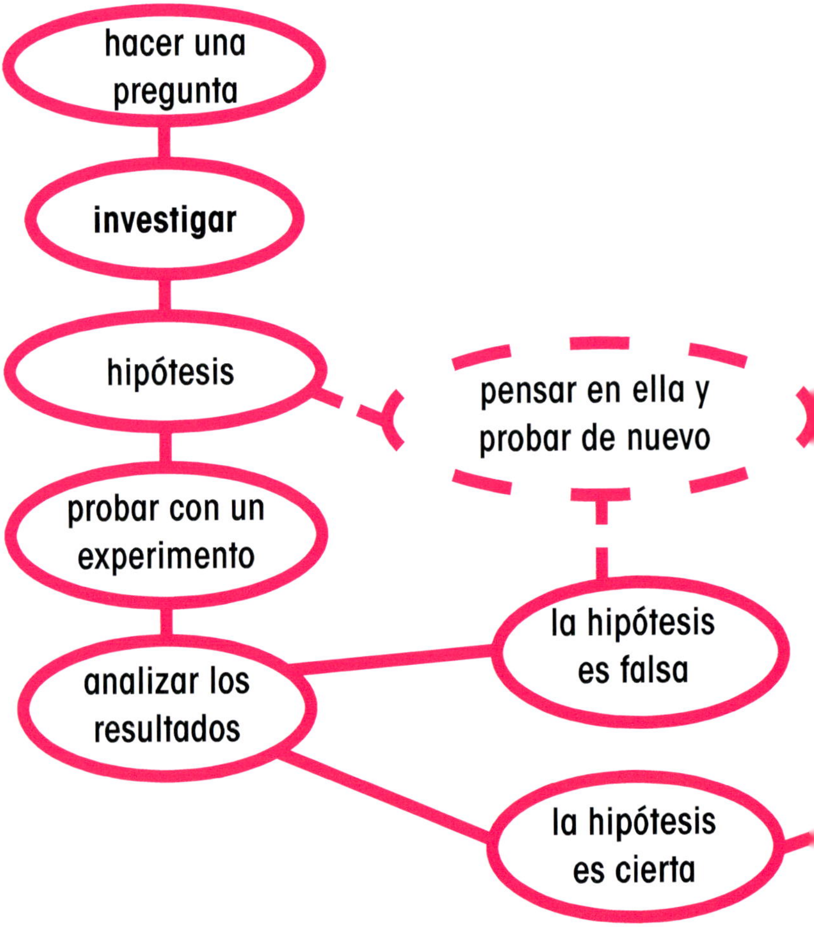

todos los científicos deben seguir para obtener resultados **rigurosos**.

El método científico actual se desarrolló a lo largo del tiempo, con ideas de muchas personalidades, porque suelen trabajar juntos para idear mejores formas de resolver problemas. Gracias al método, recuerdan con exactitud cómo hicieron un experimento y pueden repetirlo, tanto si es propio como si es ajeno. Repetir, hacer algo una y otra vez, es crucial para la ciencia, porque es el único modo de demostrar que algo es siempre cierto.

Este diagrama de flujo del método científico ayuda a ver los pasos.

El experimento del *slime*

El *slime*, o blandiblú, es una mezcla de pegamento y agua con bórax, un **mineral** también llamado borato de sodio. Cuando se mezclan, el hidrógeno de los ingredientes los une, razón por la cual el *slime* se liga.

¡El método científico permite hacer *slime*! El objetivo es cambiar la consistencia de los ingredientes. El *slime* debe mantenerse ligado, pero deformable; debe ser adherente, pero no tanto que se pegue a las manos. El primer paso del método científico es dar con una pregunta que pueda responderse con un experimento. En este caso, la pregunta sería: "¿Qué pasa al mezclar bórax, pegamento y agua?".

La pregunta establece la hipótesis. ¡Lo primero es formular la pregunta!

El *slime* es un polímero compuesto por pegamento y bórax.

¿Qué son los polímeros?

El siguiente paso del método científico es investigar: aprendamos hechos importantes sobre el *slime*. ¿Qué es en realidad?

El *slime* es un polímero. *Poli* significa "muchos" y *mero* significa "parte". ¡El polímero tiene muchas partes! Se compone de moléculas (las piezas más pequeñas que constituyen una sustancia química) en cadena. Esa cadena es a veces larga y recta, y otras, amorfa. Hay muchos polímeros y muy distintos, en función de las moléculas que los componen. El plástico y la goma son polímeros, ¡y nuestro ADN también!

¡Haz tu propio *slime*!

Una vez investigada la pregunta podemos **formular una hipótesis**. Gracias a la información sobre los polímeros, formulamos la siguiente hipótesis: "Al mezclar bórax, agua y pegamento, las moléculas se unirán y obtendremos *slime*".

¡Es hora de probar la hipótesis! Durante la prueba, hay que observar qué pasa al añadir cada ingrediente ¡y hay que tomar notas!

Llena una taza de agua y añádele una cucharada de bórax en polvo. ¿Qué pasa? ¡El bórax se **disuelve** en el agua!

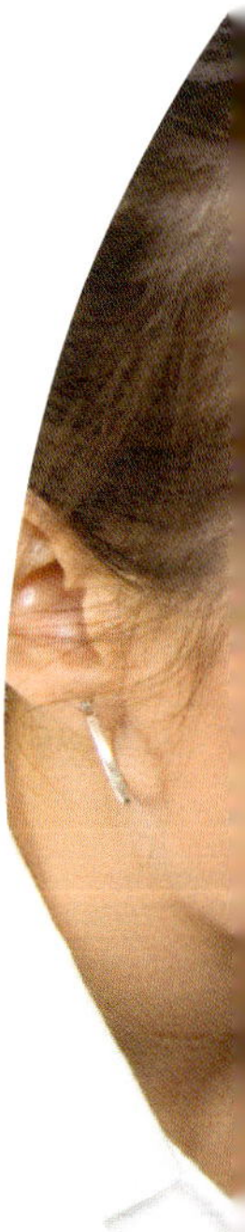

No se manipulan sustancias químicas sin la supervisión de un adulto.

Reacción química

En un bol pequeño, vierte 1/4 de taza de agua sobre una onza (29.57 mililitros) de pegamento blanca. ¿Qué le pasa a la pegamento al añadirle agua? Revuélvela con una cuchara. ¿Ves cómo cambia?

Si lo prefieres, agrega colorante alimentario a la solución de pegamento. Una solución es el líquido obtenido al disolver algo en agua o en otro líquido. Echa una cucharada de la solución de bórax a la solución anterior. Observa lo que ocurre al mezclarlas. El *slime* se formará cuando las moléculas de hidrógeno se unan. Entonces se volverá tan espeso que, para seguir mezclándolo, tendrás que dejar la cuchara ¡y usar las manos!

Al mezclar los ingredientes, el *slime* debería espesarse.

¡Revisa tu *slime*!

¿Funcionó el experimento? Revisa los resultados aplicando tu capacidad de observación. Estudia el *slime* y toma nota de su textura, o tacto. Anota algunas de sus cualidades. ¿Está húmedo o seco? ¿Se pega a sí mismo o a tus manos?

Si el experimento funcionó, ¡enhorabuena! Hiciste *slime* y comprobaste que la hipótesis era cierta. Si no funcionó tendrás la oportunidad de poner a prueba de nuevo tus habilidades químicas. ¿Qué crees que fue mal? ¿Había poca o mucha cantidad de algún ingrediente? ¿Qué se podría cambiar? ¡Persevera!

Cuando se prueba un experimento, a veces hay que hacer cambios.

¡Prueba tu slime!

Sigue recopilando datos de tu experimento. Prueba tu *slime* para ver qué hace. ¿Cuánto puedes estirarlo sin que se rompa? Fuérzalo al límite. ¿Se rompe con rapidez o lentamente? ¿Se pega de diferente modo a distintas superficies? ¿Cuánto tarda la **gravedad** en dejarlo igual de plano que un panqueque? Mientras juegas con el *slime*, ¿cambia con el tiempo?

Toma nota de tus descubrimientos para poder revisarlos. Este tipo de notas ayudan a los científicos a comparar sus hallazgos. Es el momento de mirar todos los datos y sacar una conclusión. La de este experimento debería ser: "Al mezclar bórax, agua y pegamento se obtiene *slime*".

¿Cómo se comporta tu *slime*?

Otros tipos de *slime*

El experimento científico tiene que ser repetible. Hay que ser persistente y repetirlo muchas veces. ¿Funciona siempre igual o no? También se puede jugar con los ingredientes para ver qué pasa. ¡Son posibles varios tipos de *slime*! Déjate llevar por la curiosidad y prueba distintas mezclas.

Cambia el color de tu *slime* variando el colorante alimentario, haz "*slime* galáctico" añadiendo purpurina o "*slime* esponjoso" agregando crema de afeitar.

Los químicos tienen que publicar sus hallazgos. Cuando acabes tus experimentos, comparte los resultados con tu clase, tus amigos y tu familia.

Variando un poco los ingredientes, obtendrás distintos tipos de *slime*.

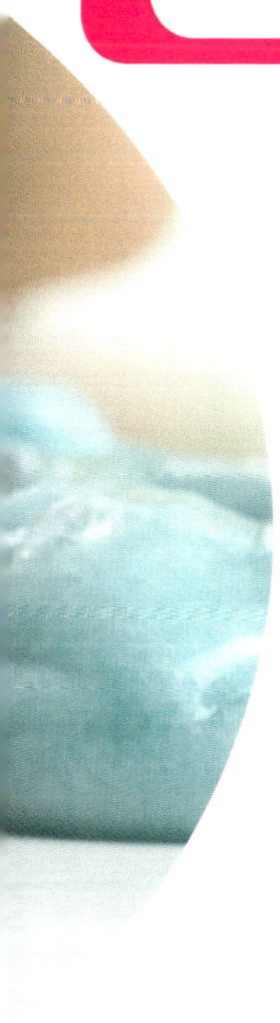

La química del mundo

Ahora que conoces el método científico, puedes aplicarlo a otros experimentos y procedimientos. Mira a tu alrededor. ¿Te preguntas cómo funciona algo? ¿Quieres probar una reacción química? Para examinar el mundo que te rodea, debes ser persistente.

Reproduce, o repite, los experimentos de otros científicos. O formula una nueva hipótesis y pruébala con un experimento. Mientras juegas con nuevas ideas y compartes los resultados, puedes incluso contribuir al campo de la ciencia. Quizá ayudes a nuevos científicos a crear sus propios experimentos. ¿Te imaginas? ¡La química es una forma divertida de poner a prueba y experimentar la materia!

Glosario

composición: Conjunto de ingredientes de una sustancia o un compuesto.

compuesto: Algo formado por la unión de dos o más elementos.

disolver: Mezclar con un líquido de forma que el resultado sea otro líquido homogéneo.

formular una hipótesis: Suponer de manera fundamentada el resultado de algo.

gravedad: Fuerza que atrae los objetos hacia el suelo o la Tierra.

investigar: Estudiar para encontrar algo nuevo.

material: Algo con lo que puede hacerse otra cosa.

mineral: Elemento o compuesto químico sólido presente en la naturaleza.

observar: Examinar con atención.

persistente: Que se mantiene firme o constante.

procedimiento: Serie de pasos que se siguen en un orden exacto.

reacción química: Proceso en que unos productos químicos se convierten en otros.

riguroso: Sin errores.

Índice